# मेरे दिल कि ज़ुबानी

## पहली गुफ़्तगू

### प्रीतेश मिश्रा

/ BookLeaf
Publishing
India | USA | UK

Made with ❤ on the BookLeaf Publishing Platform
www.bookleafpub.in
www.bookleafpub.com

# Dedication

**वो आँखें....**

मेरी सबसे हसीन मिल्कियत !!

# Preface

एहसास तो सबके ख़ास ही होते हैं,
मेरे दिल ने बस एहसासों को ज़ुबान दे दिया.....


उन्ही एहसासों कि ज़ुबानी है ये- मेरे दिल कि ज़ुबानी

# Acknowledgements

मैं शुक्रगुज़ार हूँ हर उस शायरी और ख़याल का, जिन्होंने मेरे दिल को शायर के बोल दिए !!

तराजू कोई बनी ही नहीं, जो मेरे शायरखाने के तमाम मेहमानों के तवज्जो का वज़न ज़ाहिर कर सके ..... इस जहाँ के मयखानों में वरना उन मेहमानों का हर रोज़ इंतज़ार होता !!
मेरे ये अज़ीज़ मेहमानों में सबसे ऊपर मैं रखना चाहूँगा मेरे हर शायरी कि पहली आवाज़ सुनने वाले शक्स को- मनीश शुक्ला !!!

मेरी हर शायरी को अपने दिलों में एक छोटा सा कोना देने के लिए धन्यवाद- गीतिका मैडम, अनु ग्रोवर मैडम, हर्षा चौधरी, अविनाश तलवारे, सचिन पांडेय, तेजस रूपारेल, संतोष यादव, नीमेश शाह, नैरज वसानी, नीरव शेठिया, पवन भारद्वाज, सौरभ पटेल, मधुसूधन जेठमलानी ...

मेरी प्यारी बेटी- हिया , मेरे दिल कि सबसे खास मेहमान हमेशा तुम ही रहोगी !!

# हर रात कि कहानी ....

हर रात कि तनहाई में ये दिल रोता है....
सपने जो कभी अपने थे, ये उनको खोता है !!

यादों कि बारात फिर सजने लगती है....
धीरे धीरे से रात यूँ कटने लगती है !!

ख़ामोशी से गुफ़्तगू करने लगते हैं हम....
तेरे बेरुख़ी कि वजह पूछते हैं हम !!

एक अदा से वो हमें तक़दीर के आँचल में छोड़ जाती है ....
दिल में दर्द और आँखों में नमी छा जाती है !!

फिर आँखों में लिए आँसू , हम करवट बदल लेते हैं ....
तेरी याद के सहारे एक और रात जी लेते हैं !!

# ऐ मेरी ज़िंदगी....

कर लूंगा एहसास मैं तेरा भी कभी,
कर लूँ कुछ अपनी मैं कमियाँ पहले पूरी ....

फिर आराम से बैठेंगे कहीं अकेले में हम दोनों,
तू मुझे आज़माना, और मैं तुझे जी लूंगा .... ऐ मेरी ज़िंदगी !!!!

# बस तुझी में पनाह लिए जी रहा हूँ

.....

तेरे रूह, तेरी साँस, तेरी धड़कन में मिला हूँ ...
कर ग़ौर ज़रा मैं तेरी हर उल्फ़त कि वजह हूँ   !!

तेरे रूह, तेरी साँस, तेरी धड़कन में मिला हूँ ...
कर ग़ौर ज़रा मैं तेरी हर उल्फ़त कि वजह हूँ   !!

जो देखेगी अपना अक्स तू आईनें में कभी ....
तो उसमें भी मुझी को पाएगी !!

यूँ जुदा होकर भी मैं तुझसे,
बस तुझी में पनाह लिए जी रहा हूँ !!

# सिर्फ़ तुम !!

तुझी से हर सिलसिले का आग़ाज़ हो ,
बस तेरे ही लिए मेरे दिल में प्यार हो !!

तुझी से हर सिलसिले का आग़ाज़ हो ,
बस तेरे ही लिए मेरे दिल में प्यार हो !!

ग़र ये सच है कि हर कश्ती किनारे नहीं लगती ,

तो मेरी कश्ती में तू मेरे साथ हो ... और मुझे ज़िंदगी भर एक किनारे
कि दरकार हो !!

# तुझसे मिलने कि चाह मैं जगाना जब चाहूँ ...

तुझसे  मिलने कि चाह मैं जगाना जब चाहूँ ,
मेरा अक्स ही मुझसे पूछे "क्या है तेरी आस में ?"
फिर आँसुओं का एहसास ही अपनी आँखों में पाता हूँ,
तुझसे मिलता हूँ मैं अपने ख़्वाब में  !!

तेरी हसी, तेरे तसव्वुर, हर वो अल्फाज़ जो थे मेरे....
उनको भी कोई नया ग़ुलाम है मिल गया !!
जिस एक धड़कन का इंतज़ार रहता था दिल को....
उसे आने में क्यों अरसा है बीत गया !!

क्यों रूह भी मेरी मेरे साथ में नहीं ?
बस ख़ामोशी ही मिलती है मुझे हर महफ़िल में !!
आज बड़ा ही ग़ुरूर है जिस महफ़िल को ख़ुद पे,
तुम थीं तो हर महफ़िल मुझसे जला करती थी !!
तब तेरी आँखों में डूबने से फ़ुर्सत नहीं थी मुझे ...
हर महफ़िल मुझे ख़ाक सी लगा करती थी !!

मैं होश में हूँ अब, या होश तुम्ही से था ?
हर ज़र्रे से पूछता हूँ, क्या तू ख़्वाब कोई था !!
है अब भी वो चाँद उतना ही बदसूरत, कि जितना ये तब था ?
तेरी हसीनियत का क़ायल, इस जहाँ का हर शक्स था !!

कि राहों पे सजी हर महफ़िल अब दूर लगती है ...
ना जाने क्यों ये सब मुझे तेरी साज़िश सी लगती है !!
कोई चाहत हो दिल में तो मुझसे तू बयां कर ...
इस डरावने से ख़्वाब से मुझे तू जुदा कर !!

सितारों कि इस महफ़िल में वरना हर रात गुज़ारेंगे हम ...
बदसूरत से उसी चाँद को निहारेंगे हम !!
जब देखेंगे किसी सितारे को इसकी चाँदनी में कभी ...
इक यक़ीन है खुदसा टूटा हुआ दिल भर पाएंगे हम !!!

# असलियत

मुसलसल तमन्नाओं के नाज़ुक घोंस्लें,
बस्ते थे दिल कि शाख़ पर...

फिर असलियत ने एक दिन,
आंधी मिजाज़ पाया !!

# इश्क़ का रंग

मेरे साये को भी मैं तेरी,
एक लत सी लगाऊँ !!

होश हो तू मेरे,
बेहोश मैं कहलाऊँ !!

दीवाने इस दिल के,
जज़्बात कुछ चुराऊ !!

चल इश्क़ मैं तुझे,
तेरे रंग में नहलाऊँ !!

# शातिर सा एक चोर....

मुस्कुराहटों को तेरी, मैं नज़रों में क़ैदी बनाना चाहूँ ,
लफ़्ज़ों को तेरे, मैं दिल कि धड़कनें बनाना चाहूँ !!

मैं चाहूँ कि मेरे चाहत कि, हर दबी हुई सी चाह को,
तेरी पलकों कि आदत के संघ संघ सँवारूँ !!

तू करे मुझे क़त्ल इन अदाओं से तेरी,
मैं फिर भी इन अदाओं से मात पाना चाहूँ  !!

लगा दूँ मैं मेरे दिल पर इल्ज़ाम ये हसीन,
मैं इसे शातिर सा एक चोर बनाना चाहूँ !!

# दे ज़ुबां तू अपने दिल को .....

दे ज़ुबां तू अपने दिल को,
और पूछ उसका हाल .....

दे ज़ुबां तू अपने दिल को,
और पूछ उसका हाल .....



हुआ वो मेरा क़ायल ?
या मैं अब भी एक सवाल ??

# हमारी आँखों कि इल्तजा...

हमारी आँखों ने ये इल्तजा की आपकी निगाहों से,
कि ग़ौर कर लेने दीजिए हमें आपको ज़रा और गहराइयों से .....


हमारी आँखों ने ये इल्तजा की आपकी निगाहों से,
कि ग़ौर कर लेने दीजिए हमें आपको ज़रा और गहराइयों से .....


ये सुन कर आपकी आँखें अपनी पलकों की दामन में समा गईं,
और ख़फ़ा हमारी नज़रें ये कह पड़ीं -

ग़र ईनायत ना कर सके आप हम पर ,
तो इतनी बड़ी सज़ा तो ना दीजिए......

एक पल के लिए पलकें उठा कर,
हमें फ़ना कर दीजिए !!!

# माँ

मैं तेरे दर्द का खिताब हूं,
तेरी ख़ुशी मैं लाजवाब हूं !!

तेरे निवालों के आधे हिस्से का,
मैं ही तो किराएदार हूं !!

वो बदनसीब जो तेरे आंसुओं को अंधा ही रहा...
मैं तेरा ख्वाब जो हक़ीक़त तेरे जागने से हुआ !!

अब आज जो देखा मेरे तरक्की को आईने में...
तेरे जैसा कोई साया पिछे खड़ा दिखा !!!

उलझा हूँ इस ख़याल में, कि किसका गुमां करूं?
कुछ पल के उड़ान का, या पंख तेरे उधार का ?!!!

# करूँ मैं इश्क़ कि फिर चाह....

करूँ मैं इश्क़ कि फिर चाह , तो हर चाह बने काफ़िर...
जो चाहूँ दूर तुझसे राह, रहे ना राह कोई हाज़िर ...

मैं समझूँ तू मेरी ना आज ,
ना तुझसे दिन, ना तुझसे रात ...

जो कोई ऐब था तुझमें,
मैं था वो ऐब समझूँ आज ...

रहे फिर भी तू यादों में ,
बने फिर भी तू अगली याद ...

जो सूनी हो मेरी कोई रात,
तू बनती है मेरी जज़्बात ...

रहा मैं भागता जिससे ,
लो ठहरा हूँ वहीं फिर आज ...

करूँ मैं इश्क़ कि फिर चाह , तो हर चाह बने काफ़िर...
जो चाहूँ दूर तुझसे राह, रहे ना राह कोई हाज़िर  !!!

# इश्क़ पर लगे इल्ज़ाम कि सफ़ाई

"ऐ इश्क तू फिज़ूल ही बदनाम तो नहीं...
न जाने कितनों को तुने, एक वीरान कर छोड़ा...

महकते थे, झुलस्ते थे, जो आशिक जश्न में तेरे...
ऐ ज़ालिम तूने ही उनको, क्यों जाने खाक कर छोड़ा !"

.

.

"हूं इश्क मैं, वो आपका कसूर मैं नहीं...
वो हारे वक्त के हाथों, जो मेरे साथ अब नहीं...

बेवफा कह के करते है, मेरा वो ज़िक्र हर महफिल...
वो पिछली याद कि मुस्कान, मैं फिर भी छोड़ जाता हूं...

तुम उनके चहरों को यूं देख, करो न खाक कि पहचान...
कि चलते फिरते से इन खाक में, मैं अब भी सुलगता हूं"

# इस बात कि हैरानगी, है तुझे भी और मुझे भी ....

इस बात कि हैरानगी, है तुझे भी और मुझे भी ....
कि सुहाने से मौसम कि मैं चाह कर रहा हूँ !!

ठहरा था कल मैं जो तेरे इंतज़ार में ,
तो फिर कैसे यूँ अब तन्हा ही चल पड़ा हूँ !!

मुक़म्मल नहीं ये ज़िंदगी तेरे जाने से ,
पर एक आशियाना सजाने कि तमन्ना कर रहा हूँ !!

अब थाम लूँ मैं ज़िन्दगी को इस ओर से उस ओर तक ,
कल को खो देने के डर से मैं आज को समेट रहा हूँ !!

बस इस बात कि हैरानगी, है तुझे भी और मुझे भी ....
कि सुहाने से मौसम कि मैं चाह कर रहा हूँ !!

# ऐ हसरत....

ऐ हसरत तू आज फिर से मेरे दिल में ना समाँ ,
जो आई तू मेरे दिल में, तो आँखों को ना सता !!

कि नादाँ मेरी आँखें फिर बोले तेरी ज़ुबान,
रख तुझे सामने उनके, करे ख़ुद पे ये गुमान !!

ठोकर तुझे वो देकर होते हैं जब ख़फ़ा,
होती है नम ये सोच के- ना सज़ा मिली ना वफ़ा !!

# यादों कि कालीन से ....

बिछी यादों कि कालीन से,
तुम शोर बिना यूँ आना !!

छत पर फैली रैना की,
महफ़िल में खो जाना !!

रोकू जो मैं लाख तुम्हें,
तुम पर बाज़ ना आना !!

ईर्ष्या देकर चाँद को,
ख़ुद महफ़िल बन जाना !!

# हसीन सी एक आरज़ू.....

हसीन सी एक आरज़ू,
दिल से गुज़र गई ....

मिली जो ज़ुबान से,
ग़ज़ल बन गई ....

मुस्कुरा के क्यों मेरी तरफ़, देखें वो हसीं ???
ये आरज़ू कहीं उन्हीं का, नाम तो नहीं ??!!

# रुसवाईयां थी कलम में....

रुसवाईयां थी कलम में, एहसास नेक थे,
गुज़री रात बस भूला दूं, तो दिल सुफेद थे...


बदनामियों से हमने कहा उनका दामन तो थाम लो,
अभी नाराज़ हूं मैं उनसे, वो मुझसे, तुम अंतराल दो...


कि खबर है, प्यार का पड़ोसी - नफरत कल आया था,
संघ अपने वो सौदागर वक़्त को लाया था...


वो दो, हम दो, महफ़िल तो खूब जमी थी,
कमबख्त ज़िन्दगी कि घड़ी ने टिक टिक से सुबह की...


रुसवाईयां थी कलम में, एहसास नेक थे,
गुज़री रात बस भूला दूं, तो दिल सुफेद थे...

# ये सूना आसमान है.....

बंधा हुआ हूं, व्यस्त हूं,
मैं अपने इंतज़ाम से...
खिलखिला रहा जो वक्त है,
इसी कि जीत फिर आज है !!


कदम थे छोटे छोटे कल,
थी मंज़िल मेरे पास में...
सफर पे जब निकलते,
मिलते दोस्त इतमीनान से !!!


मेरी ख्वाहिशें तो पंख है,
इन्हें रोकना गुनाह है...
ज़मीन पर थे सुकून से,
ये सूना आसमान है !!!

# ना करना कभी ज़िक्र मेरी मोहब्बत का उन ग़ैरों से.....

ना करना कभी ज़िक्र मेरी मोहब्बत का उन ग़ैरों से,
कि दिल ये आपका, आप ही से रूठ जाएगा ....


मोहलत ले लेंगे हम ताउम्र इस ज़िंदगी से,
कि दिल ये आपका उन ग़ैरों में तन्हा रह जाएगा ...


वफ़ा ही मिलेगी मुझे मेरे हर रक़ीब से,
पर इस दुनिया का एक और दिल फिर बेवफ़ा कहलाएगा ....


ना करना कभी ज़िक्र मेरी मोहब्बत का उन ग़ैरों से,
कि दिल ये आपका, आप ही से रूठ जाएगा !!!!

# दिल तु कशमकश में है ज़रूर ....

दिल तु कशमकश में है ज़रूर,
तेरे मौसम से अंजान हूं मैं...

दिखे एक चेहरा हर चेहरे में मुझे,
तेरे क़ैफ़ियत पर लाचार हूं मैं...

हिम्मत ये हार मान जाती है उनसे गुफ़्तगू करने के खयाल पे,
मगर, जीत चुका हूं मैं हर रोज उन्हें, उन्हीं के मयखाने में...

हो जा तू तैयार, कि कल पेशी है हम दोनो की..
तू लेना सिर इल्ज़ाम, अपने नए मेहमान को मुझसे मिलाने की !!!

www.ingramcontent.com/pod-product-compliance
Lightning Source LLC
Chambersburg PA
CBHW051002030426
42339CB00007B/448